AF349845

DECLARATION

DV ROY, POVR LA

vente & reuente des Offices here-
ditaires de Courtiers de vins, por-
tant attribution de leurs droicts.

Verifiée en la Cour des Aydes le 28.
Juin 1627.

A PARIS,

Par P. Mettayer; A. Estiene, &
C. Prevost, Imprimeurs & Li-
braires ordinaires du Roy.

M. DCXXVII.

Auec Priuilege de sa Maiesté.

LOVIS par la grace de Dieu Roy de France & de Nauarre, A tous ceux qui ces presentes Lettres verront, Salut. Ayant par nostre Edict du mois de Feurier 1620. Creé & erigé par tout nostre Royaume plusieurs offices de Police necessaires, pour le bien & soulagement de nos subiects, & ordonné que lesdits offices seroient establis par les Commissaires par nous à ce deputez ou besoin seroit, & par eux procedé à la vente, reuente & taxe en heredité d'iceux offices: Il auroit esté par eux procedé à l'establissement & vente des offices de Courtiers de vins qui se vendent, tant és Caues, Granges & Scelliers, qu'aux Estappes & Marchez publics, & pour pouruoir aux abus & maluersations

A ij

qui se commettent en la fonction desdites charges, & oster toute occasion
de plainte à nos subiects, Nous aurions
le 18. Septembre 1621. faict faire en nostre Conseil vn Reglement, tant pour
l'establissement & fonction desdites
charges de Courtiers, que pour la per-
ception de leurs droicts de Courtage,
ensemble de Reliage & Chargeage, que
Nous aurions vny & conioinct auec ledit droict de Courtage : Et depuis par
nostre Arrest du 6. Nouembre 1623.
aurions laissé la liberté à tous nos subiects de se seruir desdits Courtiers de
vins , & ordonné que les Marchans
Cabaretiers ou autres ne pourrót estre
contraincts de se seruir pour achapt ou
vente de vins d'aucuns Courtiers, si bó
ne leur sembloit, à la charge toutesfois
que s'ils se vouloient seruir de Courtiers
ils seroient tenus de prendre ceux qui
ont esté ou seroient par nous establis,
auec deffenses à toutes personnes de

s'immisser en la fonctió de ladite charge: Et outre par le mesme Arrest Nous
auriós permis à toutes les Communautez de rembourser ceux qui auroient
esté par nous pourueus desdits offices
de Courtiers de la finance qu'ils iustifi-
roient auoir actuellement payée en nos
coffres. Lequel Arrest au lieu d'ap-
porter du soulagement à nos subiects
en la vente & disposition de leurs vins
a donné la liberté à toutes sortes de personnes, & particulierement aux Tonnelliers & autres artisans qui sont dans
les Villes, Bourgs, & Villages de ce
Royaume, de s'introduire en la vente
desdits vins, & soubs des faux pretextes mener & conduire les Marchans
Tauerniers & Cabaretiers qui se trans-
portent és lieux de vignobles pour y
achepter des vins és Caues, Granges &
Scelliers desdites Villes, Bourgs & Villages qu'ils font vendre ausdits Marchans sans le ministere desdits Cour-

A iij

tiers eſtablis : Leſquels par ce moyen ils fruſtrent de leurs droicts, & neátmoins ne laiſſent leſdits conducteurs d'exiger pour la vente deſdits vins des droicts beaucoup plus gráds que ceux qui ſont par nous attribuez auſdits Courtiers, qu'ils font payer non ſeulemét au vendeur, mais meſme à l'achepteur, ainſi tát s'en faut que nos ſubiects reçoiuent aucun ſoulagement par le moyé dudit Arreſt, qu'au contraire ils ſont beaucoup plus vexez & trauaillez, & contraincts de payer pour la vente de chacun muid de vin auſdits conducteurs iuſques à quinze ou vingt ſols, autrement leſdits conducteurs par leur artifices deſtournent les Marchans & Cabaretiers d'achepter les vins deſdits habitans s'ils ne leur payent le droict de Courtage à leur diſcretion, Outre leſquels inconueniens, Nous nous ſommes encores apperçeus que ledit Arreſt a faict entierement ceſſer la vente

defdits offices, de laquelle Nous efpe-
rions vn grand fecours pour nos affai-
res, & aneanty de telle façon les droicts
de ceux qui ont efté vendus en vertu
dudict Edict du mois de Feurier 1620.
que lefdits offices leurs demeurent du
tout inutils, ce qui eft caufe que la plus
grande part d'eux fe retirent parde-
uers Nous & nous pourfuiuent iour-
nellement afin de les faire iouyr defdits
droicts ou les rembourfer actuellemét
de leurs finances , fans les remettre fur
les communautez & parroiffes, qui ne
tiennent compte de les rembourfer,
pour n'auoir aucun intereft à l'extin-
ction ou eftabliffement defdictes charges. Pour à quoy remedier & ofter toute occafion aux Adiudicataires defdites
charges de Courtiers de fe plaindre de
la non iouyffance de leurs droicts &
defcharger nos fubiects de la vexation
dont vfent en leur endroict ceux qui
vfurpent ladite fonction de Courtiers

foubs faux pretextes: NOVS AVONS dict & declaré, & par ces Prefentes difons, declarons, voulons & nous plaift que nonobftant & fans auoir efgard audit Arreft de noftre Confeil du 6. Nouembre 1623. que les Adiudicataires pourueus & a pourueoir defdits offices de Courtiers de vins en ceftuy noftre Royaume, ou leurs fermiers & Commis iouyffent d'orefnauant de cinq fols pour chacun muid de vin mefure de Paris, qui fe vendra aux Caues, Gráges & Scelliers: Et deux fols fix des niers pour celuy qui fe vendra aux Eftappes & Marchez: Et pour les autres Vaiffeaux à l'equipollent. Lefquels droicts leurs feront payez par les vendeurs apres la vente defdits vins, foit que lefdits Courtiers y ayent efté appellez ou non, & lefquels droicts Nous leurs auons de nouueau en tant que befoin feroit, attribué & attribuons par ces Prefentes, fans que à l'aduenir aucuns

cuns autres que lefdits pourueus & adiudicataires, ou leurs Fermiers & Có-
mis puiſſent s'entremettre ſoubs quelque pretexte que ſe ſoit, directement
ou indirectement és fonctions & charges defdits Courtiers, à peine de faux,
& d'amende arbitraire contre les con-
treuenans ; A la charge auſſi que les
pourueus defdits offices de Courtiers
ou leurs Fermiers & commis ſeront tenus de reſider actuellement ſur les lieux
ou ils ſeront eſtablis & és Eſtappes és
iours & heures deſtinez pour faire vendre des vins à tous ceux qui en voudrót
achepter & conduire les Marchans Tauerniers & Cabaretiers qui ſe preſente-
ront és Caues, Granges & Scelliers ou
il y aura des vins à vendre : Et afin que
leſdits Courtiers ne ſoient diſtraicts de
ladite occupation, Nous les auons deſ-
chargez, deſchargeons & exemptons,
ou leurs Fermiers & Commis de l'aſ-
ſiette & collecte de nos Tailles, & tou-

B

tes autres charges perſonnelles. Et
d'autantque par ledit Edict du mois de
Feurier 1620. & Reglemens du 18. Septembre 1621. Nous aurions attribué
auſdits offices de Courtiers de vins de
pouuoir eux ſeuls faire charger & re-
lier les vins qu'ils feroient vendre eſdi-
tes Caues, Granges, Scelliers, Eſtappes & Marchez, ce qui tourneroit au
grand preiudice de nos ſubiects & particulierement des Tonnelliers qui ſont
dans nos Villes, Bourgs & Villages, &
autres gens de trauail qui ſe trouuent
ordinairement aux Eſtappes & Marchez pour charger leſdits vins & en ti-
rer quelque eſmolument pour leur ai-
der à viure. Novs vovlons &
entendons qu'il ſoit & demeure en la
liberté de ceux qui achepteront leſdits
vins de les faire charger, voicturer &
deſcharger par telles perſonnes qu'ils
aduiſeront bon eſtre, & que pour le
reliage d'iceux, ils ſe puiſſent ſeruir de

tel Tonnellier qu'ils voudront, en cas
que lesdits Courtiers ou leurs Commis
ne soient Tonnelliers de leur mestier.
VOVLONS en outre que par les Có-
missaires qui seront par nous deputez
ou par leurs subdeleguez, le nombre
desdits offices, tant pourueus, qu'à
pouruoir, soit limité par les parroisses, selon l'estenduë d'icelles, pour y faire leur fonction, sans qu'ils puissent entreprendre les vns sur les autres. Et à ces fins feront lesdits Courtiers de chacune Ville, Bourg, Bourgade & Village bourse cómune de tous lesdits droicts de Courtage, qui se partageront au temps qu'il sera entr'eux aduisé. Et d'autant que la finance de ceux qui ont esté cy deuant pourueus desdits offices, n'est correspondante aux droicts qu'ils perceueront à l'aduenir en vertu de la presente Declaration, NOVS VOV-
LONS que tous lesdits offices soyent &
puissent estre reuendus hereditairemé-

B

aux droicts fufdits, nonobftant que les
pourueus d'iceux ayent payé finance
pour en iouyr en heredité, à la charge
toutesfois qu'ils ne pourront eftre de-
poffedez par les nouueaux adiudicataires qu'ils ne foient actuellemét rem-
bourfez de la finance par eux payee, &
des frais & loyaux coufts. Et afin d'efui-
ter au cõflict de iurifdictió qui le pour-
roit former en execution des prefentes,
tant pour la receptió & inftallation des
pourueuz aufdictes charges, leurs fermiers & commis, payemét des droicts
& procez qui pourroient naiftre. En
cõfequence de ce Nous en auons attribué & attribuõs par cefdites prefentes
la iurifdictió & cognoiffance aux Prefi-
dent, Lieutenants, & Efleuz en chacune
Eflection en premiere inftance, & par
appel en nos Cours des Aydes chacune
en fon reffort, & icelle interdicte & def-
fenduë à nos Cours de Parlement, Chã-
bre des Comptes, Treforiers de France,

Baillifs, Seneſchaux, Iuges ordinaires, leurs Lieutenans, & à tous autres
Iuges quelsconques. SI DONNONS
en mandement à nos amez & feaux les
gens tenans nos Cours des Aydes à Paris, Roüen, Montpellier, Montfer-
rand & Dijon, que ces Preſentes ils
ayent à faire lire, publier, regiſtrer &
obſeruer de poinct en poinct ſelon leur
forme & teneur, nonobſtant ledict arreſt de noſtre Conſeil du ſixieſme Nouembre mil ſix cens vingt-trois, & tous
reiglemens, ſentences ou arreſts, au
contraire, auſquels nous auons deſro-
gé & deſrogeons par ces Preſentes.
Car tel eſt noſtre plaiſir. En teſmoing
de quoy nous auons faict mettre noſtre ſeel à ceſdites Preſentes. DONNÉ
à Paris le vingt-ſeptieſme iour de Mars,
l'an de grace mil ſix cens vingt-ſept.
Et de noſtre regne le dix-ſeptieſme.
Ainſi ſigné, LOVIS. Et plus bas, Par
le Roy, LE BEAVCLER. Et ſeel-
B iij

lée sur double queüe du graud seel
de cire iaulne.

Leu, publié & regiſtré par le comman-
dement du Roy, porté par Monſieur Frere
vnique dudit Seigneur, aſsiſté du ſieur de
Bellegarde, Cheualier des Ordres de ſa
Majeſté, & des Sieurs de Champigny &
de Leon, Conſeillers en ſes Conſeils d'Eſtat
& Priué, Oüy, & ce conſentant le Pro-
cureur General de ſa Majeſté. A Paris
en la Cour des Aydes les Chambres aſſem-
blées, le vingt-huiétieſme iour de Iuin,
l'an mil ſix cens vingt-ſept.

Signé,   DE LAISTRE.

Collationné à l'original, par moy Con-
ſeiller & Secretaire du Roy,

VENTE

Du Lundi 22 Décembre 1873

———⋇⋇⋇⋇⋇———

AQUARELLES

MODERNES

DIX MINIATURES ANCIENNES

——⋇⋇⋇——

Mᵉ BOUSSATON, COMMISSAIRE-PRISEUR

M. DURAND-RUEL, EXPERT